Möge Gottes Licht dir leuchten

Irische Segenswünsche zum Weihnachtsfest

benno

Der Frieden des Winters

Der Winter weckt mein Weh,
wenn die Blätter welken.
Oft seufze ich und trauere,
wenn ich nur daran denke,
wie dieser Welten Schönheit
zu nichts vergehen wird.

Möge ich mit dir, o Gott,
immer in Frieden leben,
und möge der Friede des Himmels
erstrahlen über mich und meine Familie
und das Haus meines Nachbarn.

Abendgebet

Gott, behüte das Haus, das Feuer,
die Tiere, jeden,
der heute Nacht bei uns weilt.
Behüte mich und meine Lieben.
Bewahre uns vor Kummer und Leid,
bewahre uns auch vor Feinden
in dieser Nacht,
um des Sohnes der Mutter Maria willen.
Schütze uns an diesem und
an jedem anderen Ort.
Wo immer unsere Lieben sind –
beschütze sie in dieser Nacht
und in jeder anderen Nacht.

Keltisches Segensgebet

Das Licht deiner Seele leite dich,
damit du lebendig bist in allem,
was du tust;
damit du nie deine Arbeit verfluchst,
sondern sie möge in dir Inspiration
und Begeisterung wecken.
Gott gebe dir ein reines Herz
und Augen, die segnen, was sie sehen.
Segne deinen Nächsten
und dein Nächster möge dich segnen.
Dies gewähre uns mit seinem Segen:
Gott, unser Vater,
durch seinen Sohn Jesus Christus,
in der Liebe des Heiligen Geistes.
Amen.

Segen sei mit dir

Segen sei mit dir,
der Segen des strahlenden Lichtes,
Licht sei um dich her
und innen in deinem Herzen.
Sonnenschein leuchte dir
und erwärme dein Herz,
bis es zu glühen beginnt
wie ein großes Torffeuer,
und der Fremde tritt näher,
um sich daran zu wärmen.

Aus deinen Augen strahle
gesegnetes Licht wie zwei Kerzen
in den Fenstern deines Hauses,
die den Wanderer locken,
Schutz zu suchen
vor der stürmischen Nacht.

Für eine Mahlzeit

Möge Gott die , die das Essen
verdienen, beschützen.
Möge Gott dir Wohlstand
bringen, und möge er die Menschen,
die auf dem Feld arbeiten,
vor Unglück bewahren.

Und möge dir kein Unglück geschehen,
weil du mit den Armen geteilt hast.

Mögen Gott, Maria und die Heilige
Familie es uns wohl ergehen lassen.

Hilf uns, Herr, mit dem auszukommen,
was wir haben,
und schenke uns eine gute Gesundheit.

Wunsch nach Frieden

Den tiefen Frieden im Rauschen
der Wellen wünsche ich dir.

Den tiefen Frieden im schmeichelnden
Wind wünsche ich dir.

Den tiefen Frieden über dem stillen
Land wünsche ich dir.

Den tiefen Frieden unter den
leuchtenden Sternen wünsche ich dir.

Den tiefen Frieden vom Sohne
des Friedens wünsche ich dir.

In Dankbarkeit bewahren

Mögest du in deinem Herzen
das vergangene Jahr in
Dankbarkeit bewahren.

Mit jedem Jahr wachsen die Gaben,
die Gott dir schenkte,
um alle, die du liebst,
mit Freude zu erfüllen.

In jeder Stunde,
Freude und Leid,
lächelt der Menschgewordene
dir zu –
bleib du in seiner Nähe.

Irischer Segensspruch

Ein fremder Gast in meinem Haus:
ich teilte mit ihm die Speise,
ich bot ihm Wein zum Trank,
ich spielte ein Lied für ihn,
und im Namen der Dreifaltigkeit
segnete er mich und mein Haus,
mein Vieh und meine Lieben,
und auf dem Dach die Lerche sang:
oft, oft, oft
kommt Christus im Gewand
eines Fremden.

Am Heiligabend

Der König der Welt,
der König des Lichtes,
der König des Himmels
und des Paradieses,
der König der Heiligen,
geboren in einem Stall,
segne alle hier.

(Antwort: Möge derselbe
König dich segnen!)

Weihnachtssegen

Nicht, dass jedes Leid dich verschonen
möge, noch dass dein zukünftiger
Weg stets Rosen trage,
keine bittere Träne über deine Wangen
komme und kein Schmerz dich quäle –
dies alles wünsche ich dir nicht.

Sondern: dass dankbar du allzeit
bewahrst die Erinnerung an gute Tage.
Dass mutig du gehst durch Prüfungen,
auch wenn das Kreuz auf deinen
Schultern lastet, auch wenn das Licht der
Hoffnung schwindet.

Was ich dir wünsche: dass jede Gabe Gottes
in dir wachse, dass einen Freund du hast,
der deiner Freundschaft wert.
Und dass in Freud und Leid das Lächeln
des menschgewordenen Gotteskindes
dich begleiten möge.

Neujahrssegen

Freundlich hast du mich
aus dem Dunkel der Nacht
zum Licht des neuen Tages geführt.
Lob sei dir, guter Gott!
Segne diesen Tag und alle meine Tage,
die ich unterwegs bin zu dir.
Auf schmalen Straßen
komme ich zu deiner bergenden Burg.
Schütze mich auf dem Meer
und auf dem Land,
wie du Brendan geschützt hast
und Bran.

Segen für ein ganzes Jahr

Segne den ersten Tag,
mein Gott,
und den letzten.

Meine Hände mögen segnen,
was sie berühren.
Meine Ohren mögen segnen,
was sie wahrnehmen.
Meine Augen mögen segnen,
was ihnen begegnet.
Mein Mund möge segnen
mit jedem Wort.

Lass mich nicht aus deinen Augen,
mein Gott,
aus deinen Händen,
aus deinem Ohr,
aus deinem Herzen
an diesem Tag und alle Tage
des Jahres, das kommt.

Bibliografische Information Der Deutschen Bibliothek

Die Deutsche Bibliothek verzeichnet diese Publikation in der Deutschen Nationalbibliografie; detaillierte bibliografische Daten sind im Internet über http://dnb.ddb.de abrufbar.

Fotografien:
Titelbild, S. 11, 23, 25: Werner H. Müller, Stuttgart
S. 7: Toni Schneiders, Lindau
S. 9: W. Weber, Kusey
S. 17: RODRUN/Knöll
S. 19: Andreas Pohl, Freiburg
S. 29: Waltraud Klammet, Ohlstadt

ISBN 3-7462-1567-6

Stammerstr. 11, 04159 Leipzig
www.st-benno.de
Herausgegeben von Volker Bauch, Leipzig
Umschlaggestaltung: Ulrike Vetter, Leipzig,
unter Verwendung eines Fotos von Werner H. Müller, Stuttgart
Gesamtherstellung: Arnold & Domnick, Leipzig